© Narcea, S.A. de Ediciones, 2025
Paseo Imperial, 53-55. 28005 Madrid. España
www.narceaediciones.es

Concepto y diseño: Javier Carabaño
Ilustraciones: Fernando Pazos

ISBN papel: 978-84-277-3296-4
ISBN ePdf: 978-84-277-3297-1
Depósito legal: M-16076-2025

Impreso en España. Printed in Spain

LA VIDA PUEDE MÁS

VICTORIA DÍEZ

Introducción y selección de textos

Carmen Fernández Aguinaco

Narcea, S.A. de Ediciones

LA VIDA PUEDE MÁS

ÍNDICE:

¿QUIÉN TE HABLA?

Victoria misma, con un gran sentido del humor, a veces firmaba sus notas: "la feílla"… Se refería a que en un principio las niñas de su escuela pensaban que era más bien feílla, pero que luego, cuando ya la querían, hasta guapa la veían.

¿Quién era, entonces, Victoria? Una joven sevillana de familia modesta, de baja estatura y salud frágil, pero de un espíritu indomable. Fuertemente comprometida con su familia, estaba sobre todo centrada en Jesucristo y quería darlo todo. Su familia quería que fuera maestra y ella quería ser misionera. Y como Dios quería algo precioso de ella, tanto su familia como ella, lograron el deseo: fue una gran y magnífica misionera en los pueblos rurales donde cumplió su descubierta vocación al magisterio. Todos lograron su deseo porque era el deseo de Dios. Lo vieron claro unos niños de un colegio público de Sevilla cuando se les preguntó si Victoria había sido misionera, y lo resumieron muy bien: "¡Claro, hizo más por los niños de Hornachuelos que hubiera hecho por los de China, sin saber chino!".

Ella misma lo había expresado: "Iría al fin del mundo con tal de salvar a las personas". Lo decía después de un largo viaje a su primer destino, Cheles que en aquel tiempo era un lugar muy remoto.

Y fue a una especie de "fin del mundo". Una vez que vio el camino claro, Victoria se hizo maestra y ocupó su primer puesto en Cheles, provincia de Badajoz, donde estuvo dos años y dejó una profunda huella. Su segundo destino, más cerca del hogar familiar en Sevilla, fue en Hornachuelos (provincia de Córdoba) donde se ganó el cariño de alumnas, familias y compañeros de trabajo con su profesionalidad, su fe, su decidida defensa de la justicia y de la dignidad de todos. Ayudó a chicos y grandes. Lo decía su propio compañero de trabajo: "Fue maestra dentro y fuera de la escuela; fue maestra de pequeños y de mayores". Pero Victoria le había pedido un "precio" a Dios para ganar el pueblo para él.

Y el precio fue la hostilidad de los enemigos de la fe. Ella sabía que el precio que se había ofrecido a pagar podría tener graves consecuencias para ella; y aceptó el riesgo de permanecer con su pueblo pasara lo que pasara. Y tuvo el presentimiento de que moriría en Hornachuelos. En la mañana del 12 de agosto de 1936, "vio el cielo abierto", como lo había visto Esteban, un santo muy querido para ella, en el momento de su martirio.

Siempre supo que "la vida puede más". Más que la violencia, más que la muerte.

Y todo esto es lo que quiere decirte hoy: centrarse en una meta clara, es decir, en el Cristo vivo; buscar, a la luz de Cristo, el camino; ir, si es necesario, "al fin del mundo"; entregarlo todo; arriesgarlo todo. En suma, entregar la juventud entera, la vida entera a algo grande y maravilloso.

En la cripta donde se encuentra el cuerpo de Victoria, en Córdoba, hay una sola palabra: "Victoria". No solo es su nombre, es el nombre que desearía ella y que Dios desea que todos pudiésemos llevar orgullosamente: la victoria de Cristo.

Esta es la Victoria que te habla desde estas breves páginas. Escuchar este mensaje y seguirlo puede significar la victoria.

Cruz situada en la boca de la Mina del Rincón donde Victoria fue martirizada.

1.
¿CUÁL ES TU SED?

1* SERÁ LO MEJOR PARA TI

Abandona todos tus deseos
en manos de Dios,
que yo te aseguro que Él
con su misericordia infinita
te dará lo que más te convenga.

2* UN PASO TRAS OTRO

La primera condición
para conseguir algo es querer.
Hay que querer
con ánimo esforzado y valeroso,
pues no se trata de una obra fácil...

3* A DIOS ROGANDO

A pesar de necesitarse
la ayuda divina,
se necesita también
la resolución firme
de nuestra voluntad.

COMO SI FUERAS PLASTILINA

4* Pido que siga
el agua de la gracia
ablandando tu tierra
para que el divino Alfarero
siga modelando
su imagen en ti.
No seas barro ingrato,
sino dócil y moldeable
para que la obra
sea perfecta
y digna de Aquel
que la ha realizado.

2. ¿CÓMO ERES?

5*
DESPACITO

Necesitamos
una piedad sólida,
tranquila,
amable,
severa,
dulce,
pacífica y oportuna,
sin ridiculeces
ni gazmoñerías,
sin petulancias
ni exigencias,
sin brusquedades
ni alborotos.

6* NO TE ENCAPOTES

El que vive unido a Jesucristo tiene en sí la verdadera alegría; no penséis que al ser piadosas os vayáis a volver tristes.

SÉ AMABLE

7* Consiste la bondad en el buen temple de ánimo y la afabilidad …

8*

¡Qué bueno es Dios que nos da a la medida de nuestros deseos!

DA LAS GRACIAS

9* NO SEAS BORDE

Si propendemos a la dureza,
miremos a Jesucristo,
modelo de bondad,
que nos dice:
"Aprended de mí
que soy manso
y humilde de corazón…"

10* LA PACIENCIA TODO LO ALCANZA

Indispensable es la paciencia:
sin ella es imposible
hacer nada de provecho,
pues las palabras duras
y a destiempo
solo sirven
para causar malestar.

SUAVE
EN LAS FORMAS,
FIRME
EN LOS PRINCIPIOS

11*

El Reino de los cielos
padece violencia
y es necesario hacerla
para ganarlo.
Esta violencia
puede hacerse
con dulzura y suavidad,
mas para ello
es menester
conocer bien
el camino del Señor.

12* UN PROGRAMA SEGURO

Siempre de Dios,
muy de Dios,
toda de Dios,
ha de ser tu programa.

13* ¡OLÉ EL SALERO!

La alegría es como la sal
en los manjares,
su principal condimento.
Esta ha de procurarla
por todos los medios.

3.
¿Y SI
DA MIEDO?

NO SEAS GALLINA

Infúndeme fortaleza
y valor para la lucha 14*
que me espera.

15* CUANDO
SIENTES MIEDO

¿Cómo andas de mieditis?
Yo, con toda la confianza en Dios.

MIRA 16*
MÁS ARRIBA

Veo el cielo abierto.

17* DA LA MANO A OTROS

Ánimo, compañeros, que la vida puede más.

18* CON UNA GRAN CORAZA

Generosidad y fortaleza
es lo que no ceso
pedirle al Señor.
Cuando pienso
que esas almas
están dispuestas
por Dios y que,
quién sabe si por mí,
que nada soy,
quiere salvarlas,
me encuentro entonces
revestida de una fortaleza
que solo con la gracia
se puede tener.

19*

¿VAS A SER GALLINA o ÁGUILA?

Con sustos y
encogimientos
no podemos llamarnos
hijas de Santa Teresa,
que según frase suya,
tenía un recio corazón.

20* SABES A DÓNDE iR

Al pie del Sagrario
encuentro fuerzas,
aliento, luces,
el amor para los demás.

21*

NO BAJES LOS BRAZOS

Ahora muy preocupada
por el momento presente…
Aquí hay que estar sorda y ciega,
y con los brazos extendidos
como Moisés…

PASA EL PUENTE CUANDO LLEGUES, NO ANTES

22*

De todos los acontecimientos de la vida
no hay que preocuparse tanto,
pues no es siempre más
de lo que Dios quiere;
así que confianza y confianza,
no poniendo las cosas negras
que tanto hacen sufrir sin necesidad.

23*

NO SEAS COMO LA MUJER DE LOT

Ahora es la hora
de ser generosa.
Sigue adelante
sin volver la vista atrás.
¿Qué es un camino
sembrado de espinas?
No temas:
al final te espera el premio.

4.

¿PARA QUIÉN ERES?

24* LO TUYO ES LA HEROICIDAD

Nuestro Señor quiere algo grande de ti...

Cripta donde reposan
los restos de Victoria.

25* NO TE CONFORMES CON POCO

Como Dios te dio
un corazón grande,
incapaz de llenarlo
de lo que es caduco
y perecedero,
es preciso que
sepas aprovechar
esos sentimientos
...

LO MEJOR 26* ES HACER LO QUE DIOS QUIERE

Veo en ti
una disposición de ánimo
muy favorable:
querer cumplir
la voluntad de Dios
sea donde fuere.

27*

¿POR QUÉ DARÍAS LA VIDA?

Prefiero
mil muertes
antes que desfigurar
esta obra
para la gloria
de Dios.

28* ¿QUÉ VAS A HACER CON TU PRECIOSA VIDA?

¿Qué haré Señor,
para más agradarte?
Me entrego del todo
a tu adorable designio…
por entero
te pertenezco…
Te pido que tu amor
me transforme,
que en él arda
y me purifique.

CON AYUDA, CLARO 29*

Te necesito a cada instante
para ser fiel a mi vocación
y perseverar hasta el fin…

5. TODO ES POSIBLE CON AMOR

30* LA MEDICINA PASA CON AZÚCAR

El amor suaviza
toda aspereza y repugnancia,
así que cuando éste es verdadero,
la negación de sí es para
la persona que se entrega,
un manantial de consuelos.

31* PON UNA BUENA BASE

La caridad
es el fundamento
de todo lo bueno
y todo lo santo.
Que sea tu virtud
característica.

32* UN BUEN TATUAJE

El amor es fuerte
como la muerte,
y cuando ese amor
es en Dios,
pasa sus límites
y se desborda
para quien
lo posee.

33*
A
POR
LO MÁS ALTO

La
santidad
solo se consigue
con un continuado
acto de amor.

Victoria con
sus alumnas
y otra profesora
en Hornachuelos.

34* CAMINO **DIRECTO**

Al corazón no se llega
más que con amor,
con muchísimo amor…
mirado a través
del Corazón
de Cristo.

35* MIRAR BIEN

Con facilidad nos apegamos
a las personas atractivas,
mientras que los pobrecitos,
los desvalidos, nos repelen.
Pero eso no es proceder
como cristianos;
a todos hemos de mirar por igual…

36*
LA MEJOR OPCIÓN

Si alguno
ha de ser preferido,
será el pobre,
el falto de cariño.

37* CONMIGO LO HICISTEIS

No miremos
su cara,
ni su traje,
ni aún
sus modelos,
veamos a Jesús.

38* CON FUEGO

Abrasarse
en la divina caridad
de Cristo; abrasada,
trabajar en la santificación.

39*
MIRA LO QUE ARDE

¿Ves cuánto te quiere Dios?
Dicen que el amor de Dios
es como la llama de una hoguera,
que no puede estar oculta.

40* SIN TACAÑECES

Hay que amar
mucho a todos,
con el amor
de la mejor calidad,
con el que Dios quiere
que les tengamos,
pero mucho.

41*
NADA HUMANO
ME ES AJENO

Que sus penas
sean las nuestras,
que nos olvidemos
de nosotros
para pensar en ellas.

6.

CON LOS PIES EN LA TIERRA

42*
AGÁRRATE FUERTE

A veces te parecerá
que nuestro Señor te deja
y que andas
por un camino oscuro.
No temas y ten presente
que el Señor oculta su rostro,
privándonos de la luz,
pero su mano de Padre
nos tiene sujetas
para que no caigamos.

Cuando te sientas **43***
desfallecer
mira a Jesús,
siente a Jesús
que te conforta
y adentra
en su amorosísimo
corazón.

**NO
VAS
SOLO**

VETE A LA **44***
PERFUMERÍA

Hay que vivir de realidades.
Y si la realidad es dura, es áspera,
perfumémosla con el sacrificio,
que eso es de más fundamento
que soñar.

45*

PIDE LA LUNA

Si alguna vez soñamos,
sea con lo que no tiene término,
con lo que es capaz
de llenar nuestro corazón,
porque un día, a lo mejor no lejano,
tenemos la certeza de llegar
a la consumación de ese ideal.

46*

DIOS APRIETA, PERO NO AHOGA

Tú no te preocupes,
porque el Señor no pide más
de lo que somos capaces de resistir
y si nos pidiera el martirio,
nos daría fuerzas para soportarlo.

7. ESTUDIO

47*

BRILLA, PERO SÉ BUENO

Pensemos seriamente
en la necesidad
que tenemos del estudio
para adquirir la ciencia
y tened presente que
vuestra ciencia
abrillantará vuestra
virtud.

48* NADiE PUEDE DAR LO QUE NO TiENE

Cuán necesaria
es la ciencia
en el que enseña:
Para enseñar un poco
debemos saber mucho.

ES LO QUE HAY

49* No dejes el estudio.
Aplícate de tal forma
que no lo hagas por miedo
a que te reprendan,
sino por la convicción
de que tienes que hacerlo
porque así te lo pide Dios.

Patio de la
Plaza de la Concha
en Córdoba.

8. ORACIÓN

50*

A CUALQUIER HORA

Se puede estar
en oración continua
cuando nuestro corazón
está totalmente en Dios.
Entonces
no hay problema.

51* SIN MOCHILA NO VAMOS A NINGUNA PARTE

Sin oración
no es posible
el adelanto
espiritual.

52* NO SEAS UNA MÁQUINA

Te aconsejo que no seas
mujer de novenas
y de padrenuestros,
sino alma de oración.

53*

NO HAY ESCONDITE

Cuando todo
lo que hacemos
está sellado
por el amor de Dios,
entonces vivimos
en continua
presencia de Dios
y nuestra vida toda
es una continua oración.

A VER SI TIENES PUNTERÍA 54*

Una sola oración,
salida de tu corazón
y compuesta a tu modo,
es como un dardo encendido
que va a parar
al Corazón de Dios.

COME BIEN

55* Mucha unión con Jesucristo
por la comunión frecuente
y oración, mucha oración.

56* USA BUEN PEGAMENTO

Así como el sarmiento
si no está unido a la vid,
de suyo no puede dar fruto,
así nosotras
no daremos jamás fruto
si no estamos unidísimas
a la cruz verdadera,
Cristo Jesús.

9.
ENVIADOS
A UNA MISIÓN:

DISCÍPULOS
MISIONEROS

57*

BUSCA TUS ALAS

No me importa ir
aunque sea al fin del mundo
si allí he de darle gloria
y ganarle almas.

58*
O TODO
O NADA

El discípulo misionero
no perdona sacrificios,
ni gastos, ni nada…
Ahora bien,
para conseguir todo esto
debemos procurar
una vida interior
intensa…

59* ¿TIENES ACTITUD?

Otras de las características
del celo del misionero
son la bondad, la paciencia
y la alegría.

60* LA MISIÓN A VECES ESTÁ EN CASA

¡Cuánto desearía yo
hacer por las misiones!
Ese fue el principio
de mi vocación
y si alguna vez
me fuera posible
trabajar más de cerca,
con todo mi corazón lo haría.

EN CUALQUIER SITIO

61* O SITUACIÓN

Oh Dios mío,
quisiera conquistar
el mundo para Vos,
pero si queréis
que esté enferma
sin poder hacer nada,
que sea desconocida
como Jesús de Nazaret,
también yo lo quiero
y permaneceré tranquila.

62* EL FUEGO TIENE CONSECUENCIAS

¿Quién,
estando llena
de Jesucristo,
conociéndole,
amándole,
no siente
arder en su pecho
la llama del celo,
no se siente
arrastrada
a trabajar por otros…?

63* ¡A TRABAJAR!

Recordad la frase
del Maestro:
La mies es mucha
y los operarios pocos.

ARDER PARA iLUMiNAR 64*

El celo es la llama
que todo lo ilumina y abrasa.
Debemos pues arder primero
en ese fuego sagrado
del amor de Dios
y después comunicarlo.

65* PERO DE BUENA CARA

La **alegría** es testimonio
de la buena conciencia
y el misionero
ha de procurar tenerla
para hacer agradable
la doctrina
y la virtud.

66* NO HAY QUE BUSCAR MUCHO INTRÍNGULIS

Hay que saber
llevar a Dios dentro de sí,
y con sencillez,
mostrarlo…

67* PERO
TE VA A COSTAR

El mejor medio para ganar almas
es sacrificarse por ellas, y el martirio
que el hacerse todo para todos
ocasiona, ofrecido para gloria de Dios,
fecundará todo.

10. LA FUENTE

68* A LA BÚSQUEDA DEL TESORO

En el sagrario se aprende
la ciencia del Amor divino;
allí se aprende
a desprenderse de todo
para unirse a Aquel
que es la divinidad misma;
allí se aprende la vida
de abnegación y sacrificio;
allí se aprende
a ser santa.

Sagrario perteneciente a
la Institución Teresiana en
Sevilla encargado al orfebre
sevillano Marmolejo.

ESCÓNDETE BiEN 69*

Deseo desaparecer
y vivir tan solo en la llaga
del costado de Cristo.
En ella quiero padecer por Él,
negarme siempre y encontrar
la santidad que deseo.

NO TE ECHES FLORES

70* Que la humildad
que me enseñas
desde la Hostia Bendita
sea mi única compañera.

11.
COMPAÑERA
DE CAMINO

71* TODOS TENEMOS MADRE

Pregúntele a esta virgencita
que tan bien sabe hablar.
¿Por qué te tengo madre mía?
¿A qué has venido?
Oiga sus palabras
y guárdelas en su corazón.
Que Ella será también
la portadora de las gracias,
de todos los consuelos,
de toda la santidad que le deseo.

72* QUE QUIEN ME MIRE, TE VEA

Que en mí crezca cada día
el amor a la Santísima Virgen
y lo infunda a los demás.
La Virgen Santísima
mueva mi pluma
y que Ella sea
la que exponga mis deseos.
Ama a la Santísima Virgen
y que Ella sea
la que te lleve
y enamore.

ORACIONES

Jesús mío, mi amor,
mi vida, mi todo.
En este venturoso día
te ofrezco mi cuerpo
y mi alma,
quiero vivir tan solo
para amaros
y que mi única dicha
sea el habitar siempre
en vuestro Corazón Divino.

16 DE JULIO, 1926

¿Qué haré, Señor,
para más agradarte?...
Dispón de mí,
que por entero te pertenezco.
Que tu caridad me transforme,
que en ella arda
y que en ella me purifique...
Que me infundas el espíritu
de verdad y sencillez
para atraer a todos.
Que me revistas de fortaleza
y amor para la lucha
que me espera en el mundo.

3 DE AGOSTO, 1928

BREVE NOTA BIOGRÁFICA

Victoria Díez y Bustos de Molina nació en Sevilla (España) el día 11 de noviembre del 1903, hija única de D. José Díez Moreno, escribiente y apoderado de una casa comercial de Sevilla, y de Victoria Bustos de Molina, ama de casa.

De gran talento artístico, cursó sus estudios de pintura en la Escuela de Artes y Oficios y Bellas Artes de Sevilla. En 1923 terminó la carrera de Magisterio.

En 1925, cuando preparaba oposiciones al Magisterio oficial, asistió a una conferencia en la Academia de Santa Teresa de Sevilla. Allí conoció a la Institución Teresiana y se integró en ella en 1926.

Desarrolló su labor educativa como profesora de Primaria en las escuelas de Cheles (Badajoz) durante un año y en Hornachuelos (Córdoba), durante ocho.

Con su docencia llevó adelante una gran actividad en el campo social, cívico y pastoral. Creó talleres para adultos, trabajó con las catequistas y con grupos de Acción Católica, y fue parte de la Junta Municipal.

En la madrugada del día 12 de agosto de 1936, a pocos días del comienzo de la Guerra Civil española, Victoria fue conducida junto con 17 hombres a las afueras del pueblo para emprender una marcha de 12 km sin vuelta posible, en la que Victoria alienta a los hombres: "Ánimo, compañeros, la vida puede más".

Victoria, la única mujer, presenció la ejecución de sus compañeros. Los hombres fueron fusilados uno a uno ante la boca de uno de los pozos mineros de la Mina del Rincón. Llegado su turno los ejecutores le dan la opción de salvar su vida rechazando su fe. Ella en cambio gritó: "¡Viva Cristo Rey!".

Fue beatificada en Roma el 10 de octubre de 1993, junto con Pedro Poveda, Fundador de la Institución Teresiana.

Su cuerpo descansa en la cripta que la Institución Teresiana tiene en su sede de la Plaza de la Concha en Córdoba (España).

Señor Dios Nuestro,
que concediste a la Beata Victoria Díez
sellar con su martirio
una vida de amor
y entrega a Jesucristo en la educación
y formación cristiana
de los niños y de los jóvenes;
concédenos, por su intercesión,
vivir en medio del mundo
asumiendo con fortaleza y amor
las responsabilidades
profesionales y familiares,
y la gracia que ahora te pedimos.
Por Jesucristo nuestro señor. Amén.

MIS NOTAS ...